新大人系的不勉強生活法，練習放過自己的42個療癒提醒

停止過度努力後，整個人生都好多了

Poche 著　謝敏怡 譯

がんばるのをやめたらうまくいった

目錄

CHAPTER 2

別再為別人努力了

CHAPTER 3

別再為工作咬牙忍耐了

CHAPTER

4 讓日子過得更快樂的方法

前言
一直以來非常努力的你，或許可以換個生活方式

「不管我怎麼努力，總是事與願違。」
「根本不知道該怎麼努力才好。」
「做什麼事都不順利。」
「我就是沒辦法跟大家一樣那麼拚命。」

人際關係、工作、家庭，還有個人生活……
常常有人帶著這些煩惱來找我諮詢，「到底該怎麼做，事情才會順利呢？」
「我到底是做錯了什麼？」「我不知道該怎麼努力才好。」

看到別人輕輕鬆鬆達成各種成就，心裡難免不是滋味，甚至會忍不住拿自己跟別人比較，越想越沮喪，覺得自己「真是糟透了」。

想到這些就感到很害怕，「我是不是一輩子都這樣了？」有時甚至會想，「乾脆放棄一切好了。」

努力了老半天，卻始終做不出成果，彷彿永遠看不到盡頭，漸漸的，也不知道自己該怎麼努力才好了。

別擔心，就算有這些想法也沒關係。

你現在翻開這本書來閱讀，就代表在你內心的某個角落，其實知道自己已經很努力了。如果你真的一點也不努力，你根本不會翻開這本書。

所以，請你先好好肯定那個一路不斷努力過來的自己。有沒有成果就不要去管了，先認可「我很努力」這個事實。

如果你總是覺得「沒做出成果，就得不到別人的肯定」、「沒有成功，努力再多也沒意義」的話，更要好好肯定自己的付出。

你之所以會那麼想，是因為你很努力要在一個非常嚴苛的環境生存下去。活在嚴苛的環境下，身邊總會有那些講話嚴厲、愛指責你的人，所以至少至少，請你給予自己一個肯定。

大家都說「嚴格使人成長」，但徒有嚴厲，身心恐怕是撐不下去的。

想獲得幸福、想取得好成果、想獲得肯定、不想挨罵、想活得輕鬆一點……我想，你真的已經盡了最大的努力。只是，偏偏事與願違，事情不如你想得那麼順利，才會讓你走到這裡，拿起這本書。

在這本書裡，我想傳達的訊息是：「你要不要試試看『別再努力』了呢？」

如果你聽到「別再努力」這句話就覺得很慌張，不妨先試著想像，不努力的生活會是什麼模樣。體驗看看就好，請你模擬一下「不努力的自己」可能是什麼樣的感覺。

不過，突然這樣講，各位應該很難想像出所謂的「不努力」究竟是什麼樣子，對吧。越是把努力當成理所當然的人，越是不容易發現「自己正在努力」這件事情。

所以，在這本書裡，我塞滿了各種「你其實可以不用努力的事情」。閱讀的過程中，你可能會有點驚訝，「什麼？那樣也算是在努力嗎？」但正是那些讓你覺得「這不是理所當然嗎？」「這樣做真的可以嗎？」的事情，才是你最該嘗試放下的地方！

因為讓你心裡感到有點糾結的地方，就是你一直以來認為「應該要做」，咬

緊牙根、努力撐過來的事情。

別擔心，一切都會順利的。

做出跟過去不一樣的選擇，就會帶來和過去不一樣的結果。

我見過非常多人，拚命努力直到筋疲力盡還是一無所獲，反而在「停止努力」後，人生越來越順遂。

希望透過這本書，你能學會「不努力」，找到一條比現在更輕鬆、更舒服的人生道路。

CHAPTER

1

學會善待自己

對自己好一點，不可以嗎？

「我是不是對自己太好了？」心中產生這樣的念頭時，其實代表你對自己沒那麼好。

所以，
當你那樣想的時候，
應該要再對自己更好一點。
這個世界已經夠嚴峻了，
至少，
你要對自己好一點。

對自己好一點，是完全沒問題的喔。

「對自己嚴格是好事，對自己好一點則是該檢討的。」一堆人都抱持這種想法生活，但根本沒這回事。

「你這麼天真，我看你去別的地方恐怕活不下去。」有時候，別人可能會對你這麼說。但想法天不天真，判斷基準是由那個人說了算。

說不定對方只是「覺得」而已，其實你一點也不天真，而且現實生活裡過得一點也不輕鬆啊。何況，很多人離開了原本的環境，其實也過得挺不錯的呀。

「整天抱著這種天真的想法，根本無法在社會立足。」也常常有人會毫不留情地批評。

可是啊，想要活下去，反而更需要天真。

因為對自己太過嚴厲，反而容易努力過頭、忍耐過度，而把自己逼到心力交

痒，搞到最後身體出問題。

「這個世界可沒那麼簡單！」很多人會這樣提醒。

正因為活在這個世界並不簡單，至少，你要對自己好一點。

正因為外頭講話尖酸刻薄的人夠多了，至少，你要對自己溫柔一點。

要是生活只剩下嚴厲和責備，活著也太辛苦了。

人總是對沒做過的事情，特別容易感到不安。

如果「對自己好一點」這件事會讓你心裡不踏實，其實你對自己沒有想像中的那麼好。搞不好，你對自己還蠻嚴格的呢。

所以啊，越是覺得「我是不是對自己太好了？」「對自己這麼好，真的可以嗎？」的人，請試著更善待自己一點吧！

沒自信不行嗎？

比起「要有自信」，
更重要的是
「不要否定現在的自己」。

就算沒什麼自信，
你一樣也可以過得很好，
一樣可以很幸福。
所以，沒有自信，
一點也沒關係喔。

信心滿滿！
從容不迫
就算沒自信，
我也可以活得很好！

經常有人說：「你要對自己更有自信一點啊！」

但你不需要因為被別人這樣說，就真的強迫自己變得有自信。畢竟也沒有人可以保證，「有自信」之後，人生就能一帆風順、萬事如意啊。

有時，沒自信反而更順利。因為沒自信，讓我們做起事來更小心謹慎。

當你覺得自己沒自信，內心無比煩惱時，看到那些自信滿滿的人，難免會覺得自己好像有點糟糕。

但沒有自信，一點也沒關係。

請你試著這樣想想看——說不定沒自信，事情反而比較順利呢！

因為太有自信，反而容易堅持己見，聽不進別人的意見，此時「過度自信」就成了自我成長的阻礙。

充滿自信和人生順遂，完全是兩回事。

所以呀，別一直想著自己「缺乏的特質」，請試著找找看自己「擁有的長處」。

與其一直尋找自己做不到的事，不如仔細看看自己做得到什麼事吧。世界上沒有什麼事情是「理所當然」你一定要做得到的。

也不要總是苦惱「還有什麼地方得再更努力一點」，乾脆放開心胸找找看「有沒有什麼東西是自己有興趣、想嘗試看看的事情」。

比起要有自信，更重要的是「不要否定現在的自己」。

請把時間和精力，投入在那些「讓你感到快樂」的事物上吧！

不能把過錯推給別人嗎？

這世上，
有很多事情，
真的不是你的錯。
有些時候，

把責任歸咎到別人身上，
反而才是對的。

別人的錯，
就讓別人去承擔。

別再把別人的責任，
往自己身上攬了。

大家都會說：「不能把錯推給別人。」

但事情未必如此。因為，世上並非所有事情都是你的錯。但偏偏就是有人會把「錯不在你」的事情硬是推給你，然後說：「都是你害的！」「一切全是你的問題。」

所以啊，那些與你無關的事情，就勇敢地把責任推給別人吧。

如果你連不該由你扛的問題，都要往自己身上攬，身體早晚會撐不住的。當你遇到有人把問題都推到你身上時，請你冷靜下來想一想，問問自己：

「真的是我的錯嗎？」

「這件事情，會不會其實根本不是我的錯？」

「那件事情，有沒有可能應該由對方負責呢？」

請試著這麼想想看。

如此一來，你就會發現，有些事情根本不是你的錯。察覺到問題不在你身上之後，你就不會再沒來由地責怪自己了。責怪自己的次數逐漸減少之後，你將會發覺生活不太一樣了，跟以前相比，疲勞感變少了，日子也變得更快樂了。

從現在開始，錯不在你的事情，就別再責怪自己了。

發生任何事情時，別再第一時間自我懷疑，而是應該要相信自己。

別人的錯，跟你無關，就讓別人去承擔。

根本錯不在你的事情，其實遠比你想像得還要多。請試著相信自己吧！

老是為過去的事煩惱，很糟糕嗎？

因為過去的事情，煩惱到現在，就代表你真的受了不小的傷害。

你抱著這樣的過去，
一路走到今天，
真的很了不起，
請好好誇獎一下自己。

「那麼久以前的事情，你怎麼還在提啊？」「你太執著過去了啦。」有些人常會這麼不以為意回應。

但那其實不叫執著過去，而是你心裡受了傷。

而且那個傷口到現在還沒完全癒合。

如果你就是這樣，就請找個人，好好訴說你的心情吧。

假如過去的事讓你感到很痛苦，就多說幾次也沒關係。

你會發現，那些過去的事情，講著講著，心情會在這過程中逐漸沉澱，思緒越來越透澈，過去的傷口也會慢慢癒合。說到最後，過去的事情，自然就不會再一直掛在嘴上了。

「人要放下過去，往前走。」大家總愛這麼說。

但這種話有時反而更讓人痛苦不已，這會使人對於忘不了過去的自己感到厭

煩，越是想忘記，心裡越是難受。

所以，當有人勸你放下過去時，請對自己說：「忘不了過去也沒關係。」「放下過去，哪有這麼簡單。」因為最想放下的人就是你自己，不是嗎？

「我們改變不了過去，想再多也沒用。」很多人也會如此說道。我們的確改變不了過去，但也是因為改變不了，過去才令人這麼難受。正因為改變不了過去，無法抹滅已經發生的事實，才會煩惱著該怎麼做才能好好整理自己的想法和感受，從此不再糾結。

所以，煩惱過去的事情，並不是什麼壞事。

請你誇獎一下自己，「我背負著怎麼也忘不了的過去，努力活到現在，真的做得很好了。」

不要再逼自己忘記過去了，請告訴自己，「我已經很棒了，真的沒關係。」

不可以嫉妒別人嗎？

嫉妒別人，
是因為你覺得
「好羨慕」。

嫉妒別人，
是因為你心中有個理想，
「我也想變成那樣。」

會產生嫉妒，
是因為現在的你，
很努力地在過生活。

如果一個人只是隨便過日子，根本不會產生什麼嫉妒心。「好羨慕」、「好不甘心」的感受，正是你認真過日子的證明。**所以，嫉妒別人沒什麼不好的，更不需要逼自己「不去羨慕別人」。**

大家說嫉妒不好，其實是因為我們會拿自己跟別人比較，覺得自己比別人差，並因此否定、責怪自己，讓自己陷入痛苦之中。

但其實，嫉妒本身並不是什麼壞事。重點在於，嫉妒之後你是用什麼樣的心態看待，以及如何調適自己的情緒。如果你嫉妒他人時，總是拿自己不好的地方跟別人比較，「真羨慕那個人，比起他，我什麼都不是……」若是如此，嫉妒就會變成折磨自己的一把刀。

原本只是單純的羨慕，一旦拿自己不好的地方去跟別人比較，就會變成「我這裡沒有做好」、「我真是差勁極了」，不斷否定自己，最後把自己逼到絕境。

然而，若是你在羨慕他人時，能懂得轉念一下，例如：「嫉妒其實沒什麼不好的。」「嫉妒反而讓我知道，內心真正想要的是什麼。」嫉妒反而能夠成為正面的力量，推動你成為更好的人。

任何人都有嫉妒心。之所以產生嫉妒、羨慕別人的心情，代表你真的很認真地在過日子，很重視自己的人生。

所以，就算你會羨慕別人、嫉妒別人也完全沒關係。真的，放心吧。

感到焦躁不安，是不好的事嗎？

當你感到焦躁不安時，
其實是身心的自我保護反應。

所以啊，

遇到那些讓你煩躁的人，
就暫時遠離吧。
當你覺得煩躁時，
先深吸一口氣。

受不了愛生氣的自己，
並開始感到討厭時，
更要溫柔對待自己。

煩躁，其實是一種自我保護的防衛機制。

所以呀，覺得煩躁一點也沒關係。要是生活中完全沒有煩躁感，反而還比較危險。

舉例來說，如果別人對你講了難聽的話，你卻一點也不生氣，你的內心或許早就被傷得千瘡百孔。

面對不合理的要求，你卻一點也不覺得煩躁，很可能是你一直以來都在硬撐，身心早已疲憊不堪。

遇到不對盤的人，你卻一點也不覺得厭煩，說不定哪一天不小心靠得太近，就會招惹來一身麻煩。

很煩很怒，很正常。這些焦躁不安的情緒，正是保護你的好東西。

說到底，這些煩躁的情緒，正是你努力活著的證明。

那些不顧別人、只管自己輕鬆度日的人，才不會被別人的事情搞得烏煙瘴氣呢。如果從來不努力也不要求自己，根本也不會去跟別人比較。

所以，當你覺得很煩躁的時候，記得好好誇獎、慰勞一下自己。覺得很煩不是你的錯，是讓你感到煩躁的人有問題。會感到煩躁，代表你真的很努力想把事情做好，請務必給予自己最大的肯定！

問題和煩惱，一定要解決才行嗎？

有些時候，
不要硬逼自己解決痛苦的煩惱，
內心反而會比較平靜。

有些心裡的創傷，
得靠「時間」這帖藥
來慢慢治療。

有些煩惱，就算你一個人想破頭，也解決不了。

有些煩惱，就算你一個人拚了命，也解決不了。

這種時候，「時間」就是最好的特效藥。有些心痛，是止痛藥也無法消除的。有些悲傷和憤怒，即使吃了藥也難以緩解。然而，時間卻能撫平這些傷口。

所以，當你覺得累了，不想再努力了，那就不要再嘗試「解決」問題。如果「放下」問題讓你覺得很不安，請把它想成是「我先休息一下再出發」。

解決問題的方法，不是只有拚命想、努力做。

有時候，什麼都不做，問題反而會迎刃而解。

「把問題交給時間來解決吧！」這樣一想，你就會發現，心裡還真的輕鬆了不少。

「算了，管他的。」試著對自己這麼說。不用在那邊想東想西、獨自鑽牛角尖了。

「我一個人努力老半天，也沒什麼用。」說服自己如此相信。你就會逐漸明白，真的不需要自己一個人這麼努力。

「船到橋頭自然直，現在只是時機還沒到而已。」轉個念頭，你便會發現，原本覺得「問題必須解決得一乾二淨」的焦慮感慢慢消退了。

那些光是想到就讓人痛苦不已的煩惱，真的不用急著現在就去解決它。

放心吧，交給時間來處理。

別人說「你的個性應該改一改」，真的必須改嗎？

如果你自己沒有想改變的意思，
那就不用改。
沒有什麼「一定得改」這回事。

比起那些要你改變的人，
能夠認同、接納現在的你，
才是真正重要的人。

「你的個性應該要改一改。」「你這種想法，最好要改掉。」有時候，難免會遇到別人像這樣對你指指點點。

但如果你根本不認同對方說的話，就沒必要接受，也沒必要逼自己去改變。所謂的「你應該要改一改」，不過是對方一廂情願的價值觀而已。

給你意見的人，只是「覺得」你應該改而已，就算你真的按照對方說的改變了，也不代表就會從此一帆風順。

而且到時候出了什麼問題，那個人既不會負責，也未必會幫你。

那些喜歡對別人的個性和想法指指點點的人，其實只是想讓別人「照著他的意思行動」罷了，根本沒在為你的未來著想。

如果你感到有點猶豫，不知道該不該聽對方的建議或是改變自己，請你先問

問自己：「給建議的這個人是我的榜樣嗎？我想成為那種人嗎？」

如果答案是「否定的」，那你就不需要為了這種人而改變自己。

接受別人的建議，就代表你接受對方的價值觀和人生觀。

順從對方的意見，久而久之，就會變成那樣的人。

所以，如果你不想成為那樣的人，他給的意見大可放一邊，別管了。

真正該珍惜的，是那些不強迫你要改變、就能接納你現在這樣子的人喔。

憑第一印象就討厭一個人，很過分嗎？

與其壓抑自己，
假裝自己喜歡某個人，
不如誠實面對自己「討厭」的感覺。

與其不小心跟討厭的人靠太近
而傷到自己，
不如一開始就保持距離，
反而更安全。

「我跟這個人好像合不太來……」如果第一次見面你就這麼覺得，相處時間久了，這種感覺通常會變成「果真合不來」。

「我可能不會喜歡這個人……」如果你一開始就有這種預感，久而久之，這個感覺八成會變成「我真的不喜歡這個人」。

雖然大家都說不能以貌取人。但有時候，要保護自己，真的就該憑第一印象來做判斷。因為第一印象的直覺，通常很準。

初次見面時，我們潛意識就會自行判斷：「接近這個人會不會有危險？」在資訊不足的情況下，我們會根據對方的外表、肢體動作和言行舉止等等，憑直覺來衡量這個人，這便是所謂的「第一印象」。

通常我們會依據過去的經驗來做判斷，例如：「以前吃過這種人的虧」、「通常跟這種人合不來」等等。換句話說，直覺其實就是過往經驗的累積。

所以，你對某人第一印象的直覺，可能會跟其他人對他的評價不太一樣，這很正常。

你可能覺得「我不喜歡那個人」，而別人或許會說，「那個人還不錯呀，人很好。」

但大家認為的「好人」，對你來說未必也一樣好。

重點在於，對你而言，這個人是不是個可以信任的好人。

不要懷疑自己第一時間的直覺。比起其他人，你的直覺最值得信賴。因為你的直覺，就是以過去人生經驗為基礎建構而成的。

所以，請你試著多多相信自己的直覺吧。

負面思考是壞事嗎？

想法變得悲觀負面，
因為現實就是如此，
情非得已，又無可奈何。

不如就乾脆——

「負面又有什麼關係，管他的。」

與其硬逼自己要正面積極，

不如接受真實的自己，

這樣還比較好。

「你想太多了。」

「別那麼敏感啦。」

「想開一點吧。」

有時別人會這麼勸你。

但其實，你維持原本的樣子也很好啊，完全沒問題。

你不需要因為被別人那樣說，就因此改變自己的想法。

有人會說你「想太多」、「太敏感」，其實只是因為你們重視的價值觀不同而已。你要想哪些事、在意什麼人，完全是你的自由。

容易負面思考或想太多，未必完全是件壞事。因為那代表你有獨立思考的能力，也很懂得察言觀色、觀察各種細節，並處處為他人著想。

那些總愛說著「想開一點」的人，其實多半不太擅長思考。

或許他們只是為自己不擅長思考找藉口罷了。

人常常會把自己沒有的東西視為「威脅」，並對此感到厭惡。

對那些不擅長思考的人來說，你所擁有的「思考力」是你最強大的武器，也是保護自己不受傷害的最強防禦。

請你試著回想一下，過去應該曾經有因為想很多、考慮縝密，最後避開麻煩或危險的經驗吧？有時，正因為想太多、想不開，才避開了最糟的結果。

所以，當你感到不安時，請記得，「負面思考」其實也是一種優勢。不需要迎合世俗的眼光，為了不重要的人硬逼自己積極樂觀，好好珍惜現在自己最真實的感受，才是最重要的。

一定要隨時保持好心情嗎？

你不需要為了別人
強顏歡笑。
更不必勉強自己表現出
總是很開心的樣子。

不要為別人，
為自己開心就好，
不用勉強。

「我希望自己隨時都能保持好心情。」

「我要當一個能夠掌控情緒的人。」

現在越來越多人都在追求這些事。如果你也是其中一人，請先想想：「我為什麼想保持好心情？為了誰？為了什麼？」

如果答案是「為了自己」，那當然很好。

若保持好心情，能讓自己舒服自在，努力為自己展開笑顏，非常值得。

但如果你只是為了別人、在意他人的眼光，而勉強自己保持好心情，就不必了，不需要為了別人做到這種地步。

你完全不需要在自己心情煩躁、悲傷難過、疲憊不堪的時候，還得假裝自己心情很好。

強顏歡笑，只會讓自己更痛苦而已。

「別人看到我不開心的樣子，會不會就因此討厭我了？」如果你會有此擔心，請你試著這麼想──「會因為這樣就不喜歡我的人，我們關係恐怕也不會持久。」

如果一段關係只靠你一個人努力、凡事都要你獨自忍耐，是無法長久的。若是有人因為你不開心，就開始否定你、討厭你，早早看清對方，反而是件好事。

想隨時保持好心情，請先從誠實面對自己開始。

開心的時候，就是開心。不爽的時候，就是不爽。

累了，就說累了。受不了，就說受不了了。

不否定自己的感受，接受自己本來的樣子，這才是保持好心情的捷徑。

CHAPTER

2

別再為別人努力了

非得原諒別人不可嗎？

不原諒也好，
無法原諒也沒關係。

因為，

對你來說，
那就是一件這麼難以釋懷的事情。

你現在真正該原諒的，
不是「那個人」，
而是那個為無法原諒而困擾的
「自己」。

大家常說：「要學會原諒別人。」

如果你真的打從心底放下了，原諒了對方，那當然很好。

但如果那件事不是那麼簡單說放下就放下，就不用勉強自己原諒對方。因為你一定有無法原諒對方的理由。沒有人比你自己更清楚，當初發生了什麼事，當時受到的傷害有多深。所以，直到今天還是無法原諒對方，也沒什麼關係。

也有一種說法是：「放下是為自己好。」

但是，我們也不需要為了原諒對方而欺騙自己。因為強迫自己去原諒不可原諒的人，根本不是為自己好。

你最該先原諒的，不是傷害你的人，而是那個為了現在還無法原諒對方而苦惱的「自己」。請你告訴自己：「那件事真的無法原諒，所以無法原諒對方也沒關係。」有時選擇「不原諒」，是一種保護自己的必要手段。

懂得原諒是好人，不懂得原諒就是壞人，完全沒這一回事。能原諒是福氣，不能原諒就是不幸，這種說法也不成立。

錯的絕對不是「無法原諒別人的你」，而是那個「做出讓你無法原諒的事情的人」。

世上真的有些人會做出讓人無法原諒的事情，因此有些人你本來就不需要原諒。有時，選擇原諒，反而會一再遭受傷害。有的人甚至會利用你的善良和寬容，軟土深掘。

所以，要是有人讓你無論如何都原諒不了，也沒關係。

請你站在自己這邊，勇敢告訴自己：「有些人，本來就不值得原諒。」

一定要為別人的成功感到高興嗎？

看到別人成功，開心不起來，沒關係。
無法打從心底祝福，也無妨。
覺得不甘心、嫉妒，
甚至感到憤怒或焦躁，

通通都沒關係。

因為那正是代表，
你真的很努力、認真地活著。

無法為別人開心，一點也不糟糕，
接納自己不完美的一面，
是坦率且誠實的證明。
這樣很好。

就算無法為別人的成功感到開心，你依舊可以日子順遂。
就算無法為別人的幸福感到快樂，你依舊可以得到幸福。
因為別人的成功和幸福，跟你的成功和幸福，根本是兩碼子事。

當你看到別人成功或幸福時，如果心裡覺得煩悶、不甘心，甚至有股說不出的憤怒，無法真心為對方感到高興時，其實那正是你非常努力生活的證明。

所以，不要強迫自己去祝福別人，而是告訴自己：「開心不起來也沒關係。」你不需要找理由，也不需要向任何人解釋，不開心就是不開心，就這麼簡單。

有時候，內心甚至會湧現出一些不敢給人知道、讓人難以置信的惡言惡語和負面情緒。

但那並不是什麼壞事，也不代表你人不好，或是壞心腸。

如果你因為無法真心祝福他人的成功，而產生自我厭惡，請試著對自己說：「這就是我的直覺反應，也沒什麼不好。」「只要是人，有這樣的感覺很正常。」

別再強迫自己肯定別人了，請允許你自己「不開心，也沒關係」，接受你最真實的感受。下次換你有所成就時，請記得一定要為自己感到驕傲，盡情慶祝一番！

就算沒辦法為他人喝采也沒關係，只要你能看見自己的價值，那就夠了。

至於對他人的讚賞與認同，就當作「有就有，沒有就算了」，不必太在意。

必須隨時保持笑容嗎？

難過的時候，
你可以哭出來。
生氣的時候，
不需要用笑容掩飾。

陷入悲傷或難過，
當然可以露出疲憊難受的表情。

遇到不開心時，
也不需要強迫自己微笑。

發自內心的微笑，能讓身心充滿活力。

但如果你是為了別人勉強自己微笑，這個微笑面具就會緊緊貼在臉上，把你逼得透不過氣、身心俱疲。

有時，我們會為了不讓自己被其他人當成怪人，強迫自己微笑來配合大家。或許是為了不讓對方生氣、避免對方不高興、想討對方開心……即使自己一點也不快樂，也會為了對方強顏歡笑。

你或許很痛苦難受，甚至內心快到達極限、再也受不了了，卻還是用笑容把自己的真實感受給隱藏起來。

如果你覺得自己符合上述的情況，就請先好好肯定、讚美一下自己，因為一直以來你竟然都堅強地用笑容撐過去了。

接下來，希望你能告訴自己：「從現在開始，我不需要再配合別人強顏歡笑了。」

假如過去的你不得不勉強自己強顏歡笑，而搞得身心俱疲，以後就別再這樣逼自己擠出笑容了。

如果有人說了讓你不開心的話，你大可生氣。難過的時候，就放聲哭一哭。覺得好累好疲憊的時候，面無表情也沒關係。

世界上一定有個地方，願意接納不加掩飾、最真實的你。

放下微笑的面具吧，沒事的。為了別人強顏歡笑，總有一天會無法對自己展露笑容。

請你試著這樣想：「微笑留給自己就好。」

面對討厭的人，也得硬著頭皮相處嗎？

不需要跟所有人當好朋友。有討厭的人、合不來的人也沒關係。

硬跟不喜歡的人打好關係，
會讓你們相處時間變長，
反而更痛苦。

說不定，
還是保持距離比較好。

從小到大，學校總是會跟小朋友說：「大家要好好相處喔。」「要懂得為別人著想喔。」但說真的，沒辦法跟所有人都相處融洽，也沒什麼關係，只要不去欺負人，這樣就夠了。

畢竟，每個人成長自不同環境，有著不同的個性和想法，要跟所有人都變好朋友，本來就是不太可能的事情。

就連老師他們自己，也不見得能跟所有的同事好好相處。

既然如此，為什麼老師們還一直呼籲大家要和諧相處呢？講白了，就只是比較省事，方便老師做起事來輕鬆而已。

長大之後，你可能還是會在各種場合被要求「要跟大家好好相處」，他們會希望你「成熟一點」、「別破壞氣氛」，諸如此類的社會期待。

能跟每個人和諧相處的人，並不代表他就比較厲害。問題在於，你想不想跟對方拉近距離而已。遇到雙方不對盤時，很多時候問題其實根本不在於你，而是在對方身上。

所以，如果跟討厭的人或合不來的人相處不來，真的就算了，沒關係。不需要把時間花在那些人身上，人生很短，時間可是很寶貴的。不要把時間浪費在討厭的人身上，那樣只會減少你陪伴喜歡的人、做自己喜歡的事的時間。

跟討厭的人或個性不合的人處不好、處不來就算了。

請試著告訴自己：「不是我做不到，而是我選擇不做，選擇不做是為了自己好。」

被人討厭，怎麼辦？

無論你做了什麼，
或是什麼都沒做，
都有可能被別人討厭。

無論你說了什麼，
或是什麼都沒說，
還是會有人討厭你。

反正不管怎麼做，
總會有人不喜歡你，
乾脆就這樣想吧，
「被討厭就算了！」

知道自己被某人討厭，會讓人覺得有點受傷。

擔心自己會不會被討厭，也令人感到不安。

有時，因為害怕被別人討厭，我們會選擇配合對方、不斷忍讓。

但其實啊，被別人討厭，未必一定是你的錯。因為很多時候，討厭某個人、跟某個人合不來的理由就只是「感覺不對」而已。

如果真的要細究你被對方討厭的理由，可能是個性不合，或是跟對方的個人經歷、彼此的成長背景不同有關。總而言之，有時問題並不在於你，而是對方的問題。

很多時候，別人覺得「就是和你合不來」的原因大多與你無關，並不是你單方面努力就可以改變的。

你再怎麼小心翼翼、再怎麼努力、再怎麼溫柔體貼，仍然有可能被人討厭。

有時候，甚至只是因為一些意想不到的小事，就莫名其妙被對方討厭了。

別人會不會討厭你，大多取決於他們自己，而不是你。

所以，就算你真的被討厭了，也不用太難過。

被人討厭而覺得難過、不安的時候，請提醒自己：「就算我什麼都沒做，也可能被討厭。」「有時候，純粹是對方的問題。」

好好做自己，比起因為不想被討厭而拚命討好別人，要來得重要多了。

一定要為所有人著想才行嗎？

當你有這樣的疑問時，
就表示你其實
非常為別人著想。

不過啊，
「為別人著想」這件事情，
有餘裕的時候再做就好。
放下對其他人的在意和顧慮，
休息一下，
多花點心思在自己身上吧！

有些人會說：「做人要懂得察言觀色。」

可是啊，根本沒必要為了這種人去費心讀懂他的臉色。會說這種話的人，大多只是希望大家按照他們的意思行事而已。因為如果直接說「你就照我說的做」、「你應該知道我要什麼，要積極主動一點啊」，這種語氣太命令式了，會給人不太舒服的感覺，所以才會包裝成「察言觀色」這種說法。

所以，平常那些總是在察言觀色的人，有時應該適當裝傻，刻意不去讀別人的臉色。如果有人說你「不懂察言觀色」，請在心裡默默反駁對方：「要不要看人臉色，由我自己決定。」「不是我不會看，而是我選擇不要看。」

同樣的道理，無法顧及到所有人也沒關係，無法看懂所有人的臉色也無所謂。因為我們根本沒那個體力和心力去照顧到所有人，會累死的。

每個人要的東西，其實都不一樣。有的人希望多跟人聊聊，有的人只想自己一個人靜靜待著，有的人只是想找個人傾訴……每個人的需求有千百萬種。

一百種人有一百種需求。「顧及所有人」這件事本來就不可能辦到，直接放棄看人臉色也是一種好方法。

最該被你用心對待的，沒有別人，就是你自己。

正因為你常常替別人著想，更應該在照顧別人之前，先好好照顧自己。

一定要回應別人的期待嗎？

不用去猜別人的心思，
更不必為了別人，
自動自發積極採取行動。

無法回應別人的期待，
也沒關係。

與其迎合他人，
倒不如多花點心思，
去覺察自己的感受。

今天開始，為自己而行動吧！

你不需要去猜測別人在想什麼、要做什麼，然後就自己主動去做完那些事。因為，一旦你習慣這樣做，久而久之，對方會把一切都視為「理所當然」。習慣成自然後，一切都會認為是理所當然。到時候，對方不只不會感謝你，當你沒做到的時候，反而還會怪罪你。

你不必因為別人想聽什麼話，而給出一個迎合討好的回答。因為對你而言，你內心浮現的所有想法和感受，就是你最真實的「正確答案」。

如果對方否定你的想法，那也只是「彼此意見不同」而已，絕對不代表你是錯的或是做不好。對方接不接受你的想法或意見，是對方的問題，跟你無關。

所以，無法回應別人的期待，一點也沒關係。

如果你總是拼命滿足所有人的期待，到最後只會弄得自己沒時間、也沒力氣

為自己而活。

與其總是迎合別人的期望，不如多多滿足自己的內心。

畢竟人生中陪你最久的人是「你自己」，而不是那些說不定哪天就會離開你的人。好好珍惜你自己吧。

如果你覺得和某個人相處起來好累，那個時候，請試著放下「搶在別人之前行動」的習慣。

然後請記得，這輩子你最應該好好回應的，是你自己的期待。

找人抱怨或表現脆弱，是不好的嗎？

放心吧，
吐點苦水也好，
說些喪氣話也沒關係。

比起什麼都悶在心裡，
搞到自己喘不過氣，
不如找個人說出來比較舒服。
只不過，要慎選對象。
因為找錯人傾訴，
反而心會更累，
壓力更大。

你要再積極正面一點。
可是你這樣喉…
我比你辛苦呢。
如果跟他們商量的話…

低潮沮喪的時候，想找人吐吐苦水、說些喪氣話，一點也沒關係喔。千萬不要等到壓力大到讓你痛苦不堪，甚至壓力炸鍋了，才想要找人傾訴。只不過，傾訴的對象要慎選，以下這幾類人最好要避開。

第一種是「搶話型」的人。

「我懂、我懂。」「我也是。」「我更慘呢！」他們常常這樣回應，然後自顧自地講自己的事情，講著講著最後把你的話語主導權給搶走了。

明明是你想跟人傾訴，卻反過來被傾訴，不但心情一點也不舒坦，還反而更疲累了。

尤其是那些特別體貼、善解人意、擅長傾聽的人，最容易被拉去當聽眾。所以一定要特別小心，別讓自己掉進陷阱裡。

第二種是「否定型」的人。

他們總愛潑人冷水、否定別人，「那又沒什麼。」「怎麼可以說那種話呢？」「你那樣不對吧。」

你明明只是想找人聊聊，卻莫名反被潑了一身冷水，聊完後心情反而更差，搞得滿肚子悶氣。

所以，當你想大吐苦水時，你需要的是那種不會隨便否定你、願意把話聽到最後的人。

如果身邊沒有這樣的家人或朋友，找網路上認識的朋友，甚至醫師或心理師也可以。

別傻傻覺得「這種事情沒什麼好說的」，或是「那沒什麼大不了的，還要講嗎？」找個人來聊聊，說出來真的會輕鬆很多。

放心，總會有人願意聽你說話的。

一定要交朋友嗎？

有朋友，不代表一定幸福快樂，
沒朋友，也未必就會悲慘不幸。

當你在煩惱「該不該交朋友」時，

或許代表「交朋友」這件事，
對你來說其實沒那麼重要。

有時候，
沒朋友反而輕鬆多了。

我們從小就被灌輸「一定要交朋友」的觀念，所以很容易為此感到焦慮苦惱，「是不是一定得交到朋友才行？」

有朋友是件很棒的事情，但這樣的價值觀會讓沒有朋友的人感到不安，覺得自己是不是有問題。

有時，看到別人有很多朋友、看起來好幸福的樣子，相較之下，就會覺得自己沒什麼朋友，好像有點孤單寂寞。

這種「朋友越多越好」、「一定要交朋友」的社會氛圍，有時候反而會變成一股無形的壓力，令人喘不過氣。

點開社群媒體，可能會一直看到大家和朋友玩得很開心的照片。

但那些都只是剪輯過的「幸福瞬間」，沒有人真正知道背後的心酸和煩惱。

其實有些人甚至只是為了讓自己「看起來很幸福」，而在社群媒體上發文，演戲給大家看。

我每天都會遇到許多人前來諮商，大部分的煩惱都跟人際關係有關，其中為了朋友之間相處問題而苦惱的人，也不在少數。

所以，那些表面看起來人緣很好、朋友很多的人，說不定私底下同樣正為了朋友的事情傷透腦筋。

和朋友在一起的時光當然快樂，但也正因為如此，有時候和朋友相處起來，也讓人身心俱疲、備感壓力。因為有時你必須顧慮對方的情緒，反而容易因此受到傷害，為對方的事情而煩惱不已。

當你被這些「一定要交朋友」的世俗壓力逼得喘不過氣時，請你告訴自己：「沒朋友也沒關係。」「沒朋友反而落得輕鬆呢。」

享受獨處、珍惜一個人的時光，一點也不奇怪。你這樣很好，完全沒問題。

一定要和家人保持良好關係嗎？

和家人關係不好也沒關係。

畢竟，正因為是家人，

總有無法原諒的事情，

以及難以理解彼此的時候。

最親近的家人，
有時彼此的心理距離
卻最遙遠。

沒事的，
你不必把錯全攬在自己身上。

許多人都受到社會對「理想家庭」的期待而感到痛苦。

「我這樣是不是很不孝？」「我這樣是不是很差勁？」「和家人關係不好，是不是我自己有問題？」不少人都有這樣的煩惱。

事實上，就算是家人，也不一定能相處融洽。有時候，無論你再怎麼努力，你們就是合不來。也因為這樣，有時家人之間的關係，甚至比陌生人還要疏遠。

朋友、情人、伴侶或夫婦……就算是自己選擇的對象，也可能有相處出現摩擦或爭執的時候。

就連自己選擇的對象都可能相處不來了，更何況是家人這種無法選擇的關係。怎麼可能一句「因為是家人」，就保證一定可以融洽和諧呢。

就算是家人，彼此之間「價值觀不合」、「個性不合」也很正常。想跟那樣的人保持距離，你一點也不任性，完全不是你的錯。有時候，遠離家人，是保護自己、維持內心平靜的必要手段。

與家人關係不好，一點也沒關係。

就算和家人合不來，你還是可以擁有美好的人際關係，活得幸福快樂。

如果有人把「理想家庭」的觀念強加給你，而讓你因此感到痛苦、覺得自己做了壞事時，請試著告訴自己：「那只是理想中的親子關係，現實未必如此。」

也好好安慰自己，「我沒有做錯什麼，不要再責怪自己了。」

面對這種外人難以理解的敏感問題，請你一定要站在自己這邊。

一定要回老家陪家人嗎？

如果老家
是個讓你想回去的地方，
那就回去吧。
但如果

老家不是你想回去的地方，
也不必勉強自己。

回不回老家，
沒有對錯，
重點只在於
那個「家」你想不想回去，
如此而已。

有些人覺得老家是讓人放鬆、感到安心的地方。

一回到老家，就能卸下所有的偽裝防備，輕鬆自在做自己，想說什麼就說什麼，因為家人永遠是最支持自己的人。

但是對某些人來說，回老家反而充滿壓力、讓人心累。

因為必須顧及家人的情緒，不能惹他們生氣，還要小心避免說錯話或踩到地雷，內心總是戰戰兢兢的。

如果從小就是看家人臉色長大的人，長大之後回老家，恐怕身心很難完全放鬆。他們容易覺得自己在這個家中是多餘的，擔心自己會被家人否定，甚至覺得自己在家裡根本沒有容身之處。

就像這樣，對每個人來說，「老家」的意義完全不同。所以有些人不想回老家，也是很正常的。

有些人可能會很苦惱：「不回老家，是不是太不孝順了？」但完全沒那回事。這跟孝不孝順無關，只不過是「這個家，讓人想不想回去」而已。

不是不回老家的人有問題，而是這個家不是一個讓人想回去的地方罷了，不想回去的你並沒有錯喔。

「不回老家，爸媽是不是有點可憐？」也有人會如此煩惱。但勉強自己去一個不想去的地方，你也很可憐，不是嗎？

你關心爸媽的感受，這份心意當然是很珍貴的，但也請你多關心一下自己。

不想回老家，當然沒關係。因為不想回去的理由，你自己最清楚。

好好尊重並傾聽自己內心深處的聲音吧。

CHAPTER

3

別再為工作
咬牙忍耐了

工作要做到撐不下去為止嗎？

如果你一直努力，
努力到再也撐不住的那一刻，
那些要你拚到極限的人會來幫你嗎？

如果你耗盡所有氣力倒了下來，
那些人會伸出援手嗎？
如果答案是「不會」，
就別再勉強自己拚命了。

有時，我們會對自己說：「要再努力一點。」

有時，別人也會對我們說：「你再努力一點。」

但這種時候，更應該要停下來想一想。

你真的有必要為了那些人，這麼拚命嗎？

難道你不夠努力嗎？

之所以這樣問，是因為當你覺得「我還要再努力一點」的時候，往往已經把自己逼到極限了。

所以，這個時候反而應該停下來，選擇「不努力」。

因為在這個時機點停下來，身心恢復的速度才快。

當有人要你再努力一些，或是你覺得自己應該為誰再努力一點時，請試著這樣問問自己：

「如果我努力到撐不住而倒下來了，這個人會來幫我嗎？」

「這個人會在我倒下來之前，先伸出援手嗎？」

如果你無法有自信地回答「會」，就不必聽他的話。

那種人只會在你成功時，搶功勞說：「你會成功，都是因為我指導有方。」

當你撐不住倒下來時，則會把責任推給你說：「是你不夠努力，怪不了別人。」

如果你很猶豫，不知道要不要繼續努力，請先停下腳步想一想，全力以赴拚成那樣真的是為了自己嗎？真的值得嗎？

不要為了滿足別人的期待而拚命努力，也不要為了討好誰而硬撐。

這是你自己的人生，別讓那些只會指指點點的人來干涉你的人生。

回到家後，腦袋還一直想著工作的事

頭痛時，吃止痛藥。
感冒時，吃感冒藥。
胃痛時，吃胃藥。

當工作的事情
在腦海裡揮之不去時，
我們該做的就是，
運用「切換之術」。
只要是能幫助自己的方法，
全都儘管放心去試吧。

有時回到家後，還是不斷想著工作的事情。越是告訴自己「不要去想」，反而越是停不下來……有這種煩惱的人不在少數。

其實，這是大腦的正常反應，不用太擔心。因為人的大腦不喜歡遭到「禁止」，越是對自己說「不要去想太多」、「不要想東想西的」，大腦就會越想越多。

就像是浦島太郎被告誡「不可以打開寶盒」，最後還是打開了。報恩的白鶴跟老爺爺說：「不可以偷看。」老爺爺卻還是打開拉門偷看是一樣的道理。你的大腦就是會忍不住，一直去想那些被禁止的事情。

如果你不想在家裡繼續被工作給綁架，可以試試用「聲音」和「語言」來強制切換大腦。

例如，當腦袋浮現工作的事情時，馬上拍一下手。

然後閉上眼睛，在心裡默念：「重新開始。」

接著，睜開眼睛，再說一次：「重新開始。」

這個方法的關鍵就在於，一口氣把一連串的動作流暢做完。

當你發現自己又開始在想工作的事情時，就反覆做這套動作吧。

如果你回到家，依舊想著工作的事情，代表大腦的思考迴路正在高速運轉，這時候就必須設法打斷它。

而拍手便是一種強制中斷的干擾行為。

藉由做出跟煩惱無關的動作，強制停止高速運轉的思考迴路，再搭配「閉眼睜眼」的動作，更有助於大腦感官模式切換、轉移注意力。

神奇的事發生了。只要這樣做，腦袋就真的不會再想工作的事情了。

上班一定要跟同事和樂融融嗎？

當你很猶豫

「不知道要不要和某個人打好關係」時，

很有可能是

你不想跟這個人靠得太近。

那麼，你只要和這類人維持基本打招呼的禮儀就夠了。

不必勉強自己一定要跟對方打好關係，保持適當距離，關係反而更和諧。

如果你真的想和某人拉近距離，你的煩惱應該會是：「好想跟那個人拉近關係。」「要怎麼做才能和這個人變熟呢？」而不是「我該不該跟這個人打好關係？」

「我該跟這個人打好關係嗎？」當你的腦袋浮現出這個問題的時候，通常代表你的內心深處隱約覺得：「我不想跟這個人扯上關係。」「不要跟這個人有太多來往比較好。」

你們可能是三觀不同、磁場不對，或是對方講話態度差，所以你不喜歡他。不管怎樣，你不想接近對方總是有個理由的。

無論那是什麼樣的理由，都沒關係。

請相信你自己的直覺，尊重自己「不想跟對方扯上關係」的直覺。

因為人際關係的壓力來源，往往就是來自於你不喜歡的人或合不來的人。

如果可以不跟那些人扯上關係當然是最好的，但是在職場上恐怕沒那麼簡單，很難完全避開不想接觸的人。

即使不想見面，還是得一起共事。即使不喜歡對方，也不能無視或徹底不跟對方說話，很多人應該都有這樣的煩惱。

但是，正因為職場的人際關係複雜，更要避免與合不來的人太過親近。因為一旦扯上關係，日後要擺脫恐怕會變得更加困難。

所以呀，就是因為那些人不好擺脫，不如一開始就選擇保持適當距離吧。

職場上有合不來的人，就已經夠累了，你不需要再勉強自己花多餘的精力在那些人身上了。

做人一定得敬老尊賢嗎？

不需要因為對方年紀比較大，
就一定要尊敬他。
要不要尊敬，
應該由你來決定，

而不是由對方的年齡來決定。

這個人值不值得尊敬，
取決於你。

如果你覺得這個人值得敬重，
就尊敬他。
如果你覺得不值得，
也沒關係，那不是你的問題。

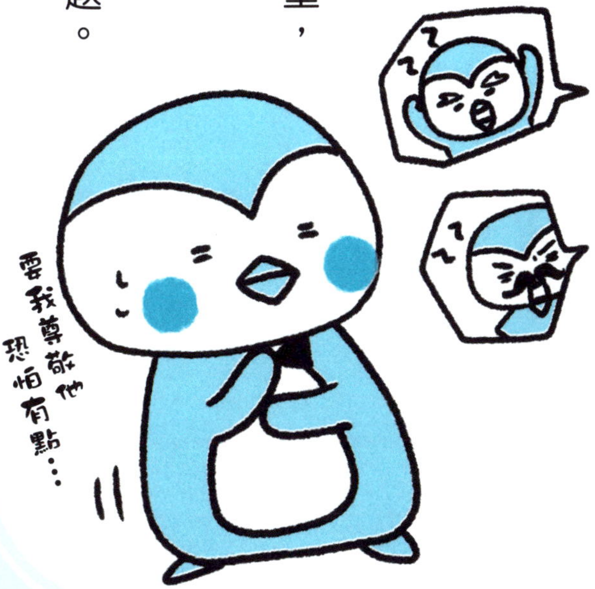

大家常說：「要敬老尊賢。不聽老人言，吃虧在眼前。」但是，要不要聽對方的話、要不要尊重對方，不應該是以對方的年齡來決定。

所以，如果有人說「我比你年長，你要聽我的」，提出這種要求的人，他說的話，你大可不用去理會他。要不要接受對方的意見，跟對方的年齡無關，只要你認同，就可以接受。無法認同，也不必勉強自己附和。是否接受對方的意見，只取決於你自己，而不是別人。

很多人都說：「長幼有序，做人要敬老尊賢。」

不過，就算你真的沒辦法說服自己尊敬某個人，也沒關係。因為年齡並不是尊敬與否的判斷基準。當你遇到真正值得尊敬的人，不論對方年紀是大還是小，你自然會對他產生敬意。

如果有人強迫你「應該尊敬他」，你因此無法對這樣的人心生敬意，也無可厚非。就算你做不到尊敬對方，也完全不是你的錯。

尊敬，應該是發自內心的東西，而不是強求來的。

在過去以農業為經濟主軸的社會，「敬重年長者」的觀念深植人心。因為農業非常講求經驗，年紀越大，代表經驗越豐富，所以導致「年長＝擁有豐富的知識經驗＝值得尊敬」的價值觀產生。

但現在，時代不同了，年紀大未必代表經驗豐富。

正因為如此，活在當代的我們，該聽誰的話？該接受誰的建議？該尊敬誰？應該由你來決定。選擇權掌握在你手裡，請相信這點。

不想參加的飯局，也得硬著頭皮去嗎？

如果你不想參加，
就不用勉強自己。
不參加的理由很簡單，
「因為不想去。」

這樣就夠了。

有人可能會覺得這樣
「很任性」，
但是強迫不想去的人
「去參加」，
才是真正的任性。

你不想去聚餐的理由可能有很多，例如：社交場合讓你感到疲憊、不想浪費時間聽別人講廢話、飯局有你不喜歡的人會來參加、單純對吃飯喝酒沒興趣、不想把錢花在社交應酬上……諸如此類的理由。

不管是什麼原因，都沒關係。最重要的是，尊重自己的意願，尊重自己「不想參加」的想法。

「因為那種理由而選擇不參加，是不是太任性了？」如果有這種想法，你完全不需要因此感到猶豫。

那些主張「沒有說出一個大家能接受的理由，就一定得參加」的人，才是真正的任性。

所以，如果不想去聚餐，不去參加也沒關係。

而且不只是飯局，任何形式的社交聚會，要是不想參加，就不用勉強自己。

當然，在現實生活中，有時我們還是不得不參加某些社交聚會。雖然一點也不想加入，但參加可以帶來很大的好處，此時就會讓人有點猶豫不決。**這種時候，建議你可以把「參加聚會」和「獎勵自己」綁在一起。**例如，參加完飯局後，去吃點喜歡的食物，安排一個開心的行程，或者留點時間讓自己放鬆放空、好好充電。

遇到不擅長的事、不想做的事，不做也沒關係。但如果真的躲也躲不開時，請記得為自己準備一點獎勵，慰勞一下努力達成任務的自己。因為勉強去做不喜歡的事情，是非常消耗精神和體力的。

別人拜託的事情，一定得答應嗎？

當別人拜託你時，
請先比較看看，
答應和不答應
你各有哪些好處。

「對方的需求」先放一旁，
仔細想想
「自己的需求」是什麼，
想清楚怎樣做對自己比較好，
再來做決定。

「看到別人有麻煩，要伸出援手。」

「有困難要互相幫助。」

這些話說得都沒錯。

但是這並不代表你一定要勉強自己去幫助別人。**願意幫助別人當然很好，不過前提是，你有多餘的時間和體力。**

世界上有兩種人，開口請求幫助的人，跟被要求提供協助的人。

這兩種人沒有誰對誰錯，但通常被要求提供協助的那一方，身心負擔比較大。因為幫助別人，往往需要花費大量的時間和體力，容易感到疲憊。

所以，當你覺得幫助別人，令你感到非常疲憊，總是在付出、接受別人的請求並提供協助，卻一點好處也沒有，一旦有這樣的想法產生時，我建議你可以選擇拒絕。

有些人或許會很擔心，「我真的可以拒絕別人的請求嗎？」別擔心，你當然可以拒絕。

因為不是只有你才能幫忙，這個世界上還有很多其他人可以幫忙。你沒有義務「一定要幫這個人」，這不是你的責任。

對方要不要請你幫助，是他的自由。

同樣的道理，你要不要幫助對方，也是你的自由。

過去的你可能一直都選擇伸出援手，正因為如此，從現在開始，請把「幫助對方，對自己有沒有好處」這點也列入考量。

一定要接受別人的建議嗎？

別人給你的建議，
源自於他們的價值觀。
所以，這些人的建議，

你未必一定要聽進去。
別人給的建議，
要不要接受，
由你決定。

「那是為了你好。」當對方說出這句話，想把不合理的要求強加給你時，千萬要注意，因為這是誘導你按照對方意思行動的狡詐話術。

這句話之所以狡詐，主要有兩個原因。

第一個，這會讓給建議的人看起來是個好人。

舉例來說，如果對方直接說：「你這個人真沒用耶。」聽起來就只是單純在否定別人的人格。

但如果換個講法，「你這個人真是沒用。我其實很不想這樣說，但這是為了你好。」這時，對方的批評和否定披上了一層「正義」的外皮，就會讓人產生錯覺，覺得他說得好像很有道理。

於是，即使對方的建議一點也不合理，你卻可能因為對方一句「那是為了你好」而開始動搖，覺得自己應該聽從對方的話。

第二個狡詐的地方在於，你會覺得「不遵從對方的建議，自己彷彿就是個壞人」。

「對方明明是為了我好……」這樣的想法容易讓你產生罪惡感，質疑自己是不是太任性、太不知好歹了。

但請記住，若是真正為你好的建議，你才不會因為不聽從建議而感到內疚。假如對方的話讓你產生罪惡感，你可能需要多多提防那個人。

別人有給建議的自由，你也有決定是否接受的自由。

不管對方怎麼說，如果你無法認同，就不用勉強自己接受。

因此，當別人給你建議時，請先聆聽自己內心深處的感受。如果覺得對方的意見不合理，就當作耳邊風，隨它去吧！

不擅長聊寒暄，怎麼辦？

講話不風趣沒關係，
聊天不熱絡別擔心，
話題講沒幾句就卡住也沒什麼。

如果話講到一半，
突然腦袋一片空白了，
別慌張。

請你這樣想：
「反正我又不是
什麼說話高手！」

有時候，對方突然拋來一句話，自己卻沒能馬上反應過來時，事後可能會感到有點後悔。

越是想回應對方的期待，大腦越用力去想，反而越容易變成一片空白。明明很著急想說點什麼，句子更是會卡在喉嚨裡出不來……事後回想，還會因為太懊惱自己遲鈍的反應而感到沮喪，「為什麼當下沒辦法好好回應呢？」

但其實，就算沒能立即回應，話回得不好，甚至腦袋突然一片空白，這都不代表你哪裡有問題。

大部分的時候，沒辦法好好回話，單純只是因為太緊張而已。

我們跟初次見面、不太了解的對象，或是跟自己合不來的人相處時，往往會特別謹慎緊張。因為潛意識裡，我們容易擔心：「對方會不會否定我？」「他會不會生氣？」「這樣說他會不高興嗎？」種種焦慮不安的情緒，讓我們一時之間無法順利開口。

不只如此，過去沒能好好表達而後悔不已的記憶，或是「自己不擅長說話」的既定印象，可能又會讓你緊張程度加倍。

要避免大腦一片空白，最有效的方法就是減少緊張的情緒。講話不夠幽默風趣就算了，對話熱絡不起來也沒什麼。一時語塞也無妨，放低對自己的要求，允許自己「講不好也沒關係」。

這麼做，不安的焦慮感自然會減少，腦袋突然空白的情況也會有所改善。

即使是靠嘴吃飯的專業人士，也會遇到不知道該如何反應的時候。所以，話回得不好，也是很正常的。

請告訴自己：「反正我又不是什麼說話的專家。」「話回得零零落落也很正常。」這樣想一想，心情應該可以輕鬆許多。

看到別人被稱讚，心裡有點不舒服

「我也想得到稱讚。」
當你這樣想的時候，
其實代表你已經非常努力了。
看到別人被誇獎，而感到不甘心，

那是因為你知道，
自己也付出很多努力，卻沒有人看見。

但是，請仔細想一想，
有必要為了那些不一定會
稱讚我們的某人，
這麼努力嗎？
恐怕沒有必要吧。

行禮

看到別人被讚美，有時我們能夠坦然接受，有時內心卻會感到不太舒服，心情甚至有點煩亂。

這種焦躁不安的情緒，大致上有兩種來源。

第一種是對自己沒有自信。

明明沒有人否定自己，但看到別人被讚美時，卻不由自主會覺得自己好像遭到否定了。例如，有人誇讚同事，「那個人真是細心！」這時候，你的內心可能會冒出「所以你的意思是，我不夠細心嗎？」的想法，而感到有些悶悶不樂。

如果你出現這種想法，請試著在心裡默默對自己說：「我這種遭受否定的感覺，可能只是有點焦慮而已。」「沒事的，沒事的。」

這樣一來，你就會發現，實際上並沒有任何人否定你，這種感覺只是你內心的投射而已！

第二種焦躁不安的來源，是內心深處渴望獲得他人肯定。

看到別人的努力獲得了肯定，卻沒有人看見自己付出的努力時，心中難免會產生失落感，「我也想被誇獎啊。」「為什麼沒有人注意到我的努力？」這種渴望獲得肯定的感受，與眼前沒有得到讚美的現實形成了落差，因此讓人感到委屈難受。

這個時候，請在心中對自己說：「我之所以會有這種感覺，是因為我真的很努力了啊！」「我是個超棒的人！」

然後再溫柔安慰自己，「我這麼努力，卻沒有人肯定，覺得委屈難受也是很正常的。」接納自己真實的感受。

往好的方面想，**在你面前誇獎別人的人，或許也曾在別人面前誇獎過你呢！**「說不定，在其他地方，我的努力也獲得別人的讚美了！」不妨如此轉念。

看到別人被誇獎，覺得不是滋味時，代表你比自己想像中的還要努力喔！

CHAPTER

4

讓日子過得
更快樂的方法

目標變了，不好嗎？

目標改變了，
表示你一直在成長。

目標不斷變化，

當然很好。

你的目標，
隨著你的身心狀態和
環境的影響
不斷變化，
是件好事呀。

目標變了，有什麼關係。

假如這原本就是你自己訂下的目標，中途想改變目標，一點問題也沒有。

比方說，你原本希望每天都要健走一個小時，但實際執行之後，卻發現困難重重，可能是時間不夠，也可能是提不起勁。

這個時候，可以適度地調整目標，例如：把時間縮短成十五分鐘，或改成天氣好的時候再出去走，而不是每天都要嚴格按表操課。

其實這就很像試穿衣服的過程。如果尺寸不合，我們會換一件試。款式版型不適合，也會換一件。與其硬挑不合身的衣服，不如選一件最適合自己的，加快這個過程，穿起來也更輕鬆舒適。

同樣的，當你覺得「這目標有點困難」時，就照自己的意思調整一下，如果

真的做不到，放棄不做也沒關係。

設立目標很好，但不必為了達成目標而過分勉強自己。

歸根究柢，目標達成與否的關鍵在於「能不能持續下去」。

與其硬是堅持最初訂下的目標，不如配合實際狀況適時彈性調整，這樣更有可能走得長遠。

如果你對「改變目標」有點抗拒，不然就換個角度想，你並不是放棄，而是在「微調目標」，因應執行情況稍作調整而已。

不是改變目標，而是讓目標更符合你現在的步調。

不可以逃避嗎？

覺得快不行了，
逃走吧。

覺得太痛苦了，

逃走吧。

真的不想去做，

逃走吧。

有時「逃避」

反而是邁向新未來的第一步。

常常有人會說：「不能逃避。」

但其實，逃避沒什麼不好的喔。

面對挑戰不一定比較好，逃避也不全然就是錯的。人生路上，有些時候選擇逃避，反而是更聰明的選擇。

「逃避改變不了什麼。」也許會有人如此批評。

但事實上，「逃避」也是一種選擇。

假如你選擇了逃離，環境就會改變。環境變了，你的身心狀態也會跟著改變。如果逃避能讓你從此擺脫痛苦的地方，相信你的身心一定可以逐漸恢復。

「遇到困難就選擇逃避的人，無論到哪裡都無法生存下去。」有些人甚至會這樣嚴厲指責。但事實並非如此。

很有可能只是那個環境和人，不適合你而已。遇到有人這樣對你指指點點的時候，試著換個角度想一想——能夠遠離那些不支持你、甚至讓你失去自信的人，簡直是太棒了！

即使沒有人禁止你逃避，你自己也可能會感到不安：「我這樣逃避是不是太軟弱了？」如果你深信「逃避是不好的」，那麼每當你想逃走時，就會陷入「想逃走，但又覺得不該逃避」的掙扎當中。

這個時候，請記住：「逃避，是邁向新未來的第一步。」

現在你想逃離的地方、環境和人事物，都將成為你邁向新未來的「過去」。

所以別擔心，真的沒關係的。

一直沒成長，很糟糕嗎？

「我好像都沒什麼進步……」

不需要老是這樣自我懷疑。

也別總是拿自己跟身邊的人比較，

不用太焦慮，慢慢來就好。

即使沒有明顯的進步成長，
對你的生活也不會有
太大的影響，
沒關係的。

達成目標，實現夢想。

找到工作，升遷成功，考到證照。

找到伴侶，成家立業，生小孩了。

看到身邊的人似乎都在不斷往前走，心中難免會感到焦慮，甚至懷疑自己是不是停滯不前，這樣下去好嗎？

當你有這種感覺的時候，請先深呼吸一下。

人生並沒有所謂「一定要持續成長」這種規則。而且，就算成長了，也不代表人生就會從此一帆風順，或是每天一定能過得開心快樂。如果有人總是拿著「要不斷成長進步」來壓你，讓你感到焦慮不安，請盡可能與這樣的人保持距離吧。隨著人生階段與心理狀態的變化，身邊的人當然也會跟著有所改變。

要離開的，隨緣放手不強求。主動來的，同行慎選細斟酌。

那些會令你感到焦慮、懷疑自己是不是毫無長進的資訊，盡量少看一些。

如果還是不小心看到了，並因此感到有點焦慮也沒關係，這時候試著把注意力投入在自己喜歡的事情上。因為，焦慮的情緒放著不管，內心的不安就會不斷膨脹。相反的，如果能把心思放在熱愛的事物上，焦躁的沉重感便能逐漸消散。

讓自己過得健康快樂，遠比強迫自己痛苦成長要來得重要多了。活在當下享受人生，回過頭來，往往就會發現自己早已悄悄成長了。

偷懶是不對的嗎？

如果你有這樣的想法，
現在正是你偷懶的大好機會！

大膽偷懶，

為自己創造更多時間吧。

利用「偷懶」

節省下來的時間，

去做你真正喜歡的事情，

或是投入在

你所重視的事物。

爸媽和老師總是教導我們「努力很重要」，我們從小就學習各種努力的方法，也不斷被灌輸努力的好處和重要性。我們努力時會得到稱讚，不努力時則可能會遭受責罵。

在這樣的教育下，我們慢慢地形成一種刻板印象：努力是對的，不努力就是不對的。

但如果凡事都想全力以赴，時間和體力會不夠用的。

所以啊，適度地不努力、「偷懶」一下也沒關係。

「偷懶」這個詞，聽起來給人的印象或許有些負面，但其實，偷懶並不是什麼壞事，而是一種生存的智慧和技巧。

如果你對偷懶會感到有點罪惡感，不妨換個角度想，「我這麼努力，偷點懶沒關係。」「我之所以想偷懶一下，是因為我一直以來真的超級努力、付出很多了。」畢竟，一個從來沒有努力過的人，根本不會知道該怎麼偷懶、哪些地方可以偷工減料。

換句話說，只有真正努力過的人才可以偷懶。當你開始有「想偷懶」的念頭時，其實就表示你已經擁有偷懶的資格了。

做飯想偷懶，代表你平時很認真做飯。

工作想偷懶，代表你一直都很努力工作。

打掃想偷懶，代表你深知維持整潔的辛苦。

所以，當你內心冒出「想輕鬆一點」、「不想再努力了」的念頭時，現在正是偷懶的大好機會！勇敢放下工作，讓自己喘口氣。

試著下定決心放掉某件工作，用偷懶省下來的時間，拿去做點讓自己開心的事吧！

假日一定要有充實安排嗎？

休假時，什麼事都不做也很好。

窩在家裡，

完全放鬆、不必在意他人眼光，

度過悠悠哉哉的時光也不錯呀。

請試著對自己說：

「今天就是要過得慵懶。」

把本日行程設定為

「放鬆悠哉日」。

有時，即使是假日，內心卻無法真正休息，疲勞也完全沒消除。我們可能是還在擔心工作上的事情，也可能是因為「難得放假卻什麼計畫都沒有」而感到焦慮，甚至有種「偷懶」的罪惡感。

這種時候，就請把「休息」當成你的假日計畫。

「好好休息」跟「努力工作」一樣重要，休息本身也是一項正當的行程，值得認真看待。

如果你對於「一整天什麼都不做」感到有點抗拒，可以先試著從「小小的休息」開始，把「什麼都不做」放進你的行程，例如：「晚上八點到九點之間什麼都不做」、「賴床到早上九點」。

當休息成為計畫的一部分後，你就比較不會因為「什麼事都沒做」而感到良心不安。

在習慣什麼事都不做之前，你可能會擔心：「什麼事都不做真的可以嗎？」「這樣真的好嗎？會不會太懶惰了？」一開始有這些反應很正常。

人的大腦本能上會抗拒變化，即使是對自己有好處的變化，也可能因為一點點不一樣，而感到不安。

換句話說，當你開始感到不安的時候，正是改變的大好機會！

你之所以感到不安，是因為你正在發生變化，變得跟過去的自己不太一樣。

當你感到焦慮不安時，可以收集一些「休息的好處」，像是：「休息是為了走更長的路！」「適當休息，工作或家事做起來更有效率！」等等，告訴自己休息不是件壞事，減少面對變化時所產生的不安。

當你越來越習慣適度休息後，內心不安的感覺就會慢慢消失。

無法心懷感恩，很過分嗎？

即使有人對你說：

「你應該感恩。」

你不說謝謝也沒關係。

即使有人對你說：
「你不懂感謝。」
也不需要太在意。

感謝，
是強迫不來的。

你不需要為了感謝對方，
而選擇欺騙自己。

大家都說「要懂得感謝他人」。

但不需要為了感謝而費盡工夫，也不必為了感謝而備感壓力。只要當作「原來他是這樣想的啊」，淡淡把話聽過去就好。

因為感謝不該是別人強迫你說出口的東西，感謝應該是一種發自內心、情感的自然流露。

有的人認為「懂得感恩，人生更豐富」、「感謝他人，好處多多」，但這只是一種價值觀，不是所有人都必須遵循。

如果你能接受那樣的價值觀，願意付諸實踐、努力去感謝別人當然很好。但假如你無法認同，聽聽就算了，不需要刻意勉強自己。因為硬逼自己去感謝別人所產生的壓力和負擔，可能會比感謝帶來的好處還要多。

有時候，我們會被說「你不懂得感恩」。但也許，只是對我們來說，這件事還不到值得感謝的程度而已。

事實上，說出「你不懂得感恩」這句話的人，大多只是一廂情願。他們可能心裡想著：「明明我付出這麼多，為什麼沒被感謝？」或者「你應該感謝我才對！」

我們沒有義務去滿足別人的期待。如果對方是為了獲得回報才選擇付出，我們覺得對方不值得感謝也很正常。

感謝，不需要努力去做。如果無法對某件事感謝，那就這樣吧，這並沒有什麼不對的地方。

但如果你希望自己能更懂得感謝，不妨先從對自己說聲「謝謝」開始。

比起感謝別人，更應該先學會感謝自己。

凡事都該堅持到底，不能放棄嗎？

時間和精力都是有限的。

覺得這件事情做不來，就不用勉強自己繼續下去。

即便是「三分鐘熱度」，
也不用因此感到沮喪不已。

至少你早早就發現
「這件事不適合自己」，
總好過於硬撐了幾年後
才終於想通，
對吧？

「我做事總是無法持久，常常一下子就失去興趣，做到一半就放棄……」你是不是有這樣的煩惱呢？

但也許，並不是你「做不到」，而是對你來說，這件事本來就不值得你堅持下去。

如果是這樣，盡早發現反而是一件好事，因為你沒有浪費太多時間。

或許，你並不是「容易感到厭倦」，只是單純對某件事不再感興趣而已。其實，正因為你在過去那段時間曾付出了熱情和精力，並且充分樂在其中，現在才會「覺得無聊」。

只要在過程中曾經歷過熱情、快樂、專注的時光，哪怕一點點也好，那也代表你擁有全心投入某件事物的專注力。所以，很快就感到厭倦也沒關係，你只是切換得比較快而已。

半途而廢，其實也不是什麼壞事。

因為「半途」而廢，代表你至少「做了一半」。

不要只看自己沒做到的地方，也看看你做了多少吧！

正因為沒有堅持到最後，才能夠把節省下來的時間，拿去嘗試新事物。

硬逼自己去做不合適的事，只是在浪費時間。相反的，停止那些不適合自己的事情，反而可以有更多時間和機會，去發掘真正屬於你的熱情和新方向！

當你快被「堅持到底」的社會觀念壓得喘不過氣時，請想想「不堅持下去，有哪些好處」吧！

每天一定要努力早起嗎？

與其勉強自己早起，
累積過多壓力，
不如選擇
符合自己生活節奏的時間起床。

即使賴床到最後一刻，
出門手忙腳亂也沒關係。
就算早上起不來，
那也沒什麼。

因為只要好好活著，
就很足夠了。

有的人喜歡從容優雅地享受晨間時光。
有的人利用早晨做自己喜歡的事，自我提升。
也有的人早起努力用功，準備證照考試。

新聞媒體和社群媒體上，充斥著推崇早起好處的文章，隨著「早起是一件好事」的風氣越來越強，越來越多人為自己無法早起而煩惱不已。

早起確實有好處。但早起帶來的好處，並沒有大到「非早起不可」的程度。就像俗話說的：「早起的鳥兒有蟲吃。」早起能帶來的好處只有蟲般大的一點點而已。所以，早上起不來也沒關係。

只要可以準時抵達公司學校，或趕上約定的時間就夠了。即便真的來不及，遲到一下，總比慌張出門發生意外要來得好。生命安全比準時更重要。

有些人會因為自己總是快遲到了而苦惱不已，但事實上，假如你不擅長早起，卻努力想辦法早起，光是有這個念頭就非常了不起了。若是有必須早起的理由，那當然是另一回事。

如果只是單純覺得「早起好像比較好」，乾脆就放寬心，無法早起其實一點關係也沒有，坦然接受自己就是沒辦法早起的事實吧。

因為無法早起而責備自己所產生的壓力，比早起帶來的好處要大得多。

「早上起不來就算了，沒關係、沒關係。」試著這樣對自己說吧！

休息就是偷懶嗎？

累了要休息，
當然很重要。
但是在還有餘裕的時候，
適當休息，更重要。

這不是偷懶，
而是必要的小憩片刻。

當你感到疲憊時，千萬不要勉強自己。

累了，就適度地休息。

但這並不代表只有在疲累的時候才可以休息。即使你還沒有很累、仍有些體力，也請休息一下。

因為人一旦累過頭，內心就會失去餘裕，視野變得狹隘。

就算應該好好休息，但手邊卻還有很多事情要做時，內心的焦躁不安與壓力會讓人覺得「我怎麼可以休息？」「根本沒時間休息啊！」

正因如此，比起等到身心疲憊不堪才休息，在自己還有餘裕的時候適度休息一下，才是最理想的做法。請告訴自己：「我這不是在偷懶，而是必要的休息。」

如果暫時停下腳步讓你覺得很不踏實安心，不妨換個角度想，「為了讓自己發揮百分之百的實力，我現在選擇休息。」

若是你擔心休息會被人指指點點，你可以這樣想：「假如繼續硬撐著，最後撐不住倒下，反而會被批評得更慘。」「為了不造成別人的困擾，我選擇適度休息。」

無論怎麼做，都會有人批評、說閒話。既然如此，倒不如對自己溫柔一點。

所謂的「適度偷懶」，就跟「努力適可而止就好」或「工作不需要用盡全力」是同樣的道理，也是不過分勉強自己、按自己步調走的生存之道。

對自己感到驕傲自豪，不行嗎？

如果有能讓你驕傲自豪的事情，就儘管驕傲自豪吧！

因為你真的非常努力。

選擇一個能讓你理直氣壯、
充滿自信的地方，
盡情地展現所有驕傲吧。

開心的時候，就大聲說：「我好開心！」
努力了之後，就驕傲地說：「我盡力了！」
達標了之後，就肯定自己：「我成功了！」
順利完成任務後，就自豪地說：「我做到了！」

努力有成果，就好好為自己開心，不用說什麼「這沒什麼」、「還差得遠呢」這類的話，沒必要過度謙虛。那樣只會踐踏一路努力奮鬥的自己，讓辛苦全都白費了。

當然，偶爾還是需要看場合，得在別人面前表現得謙虛一點。但是在內心深處，大可不用謙虛，請用力地誇獎自己。你高興在心裡，不會有人來攻擊你，也不會給任何人帶來困擾。所以儘管放心，好好稱讚自己吧！

人生當中能驕傲自豪的時刻其實並不多。所以，當你遇到這樣的時刻時，請不要猶豫，盡情享受吧！

享受成功的甜美果實，能帶來自信。

肯定自己，能提升動力。

從小，大人就常常跟我們說：「不可以驕傲自大！」「做人要謙虛！」

但其實，為自己感到驕傲自豪沒什麼不好的，反而好處多多呢。

不要去理會那些想打擊你的人，選擇那些能和你一同分享喜悅、真心替你感到開心的人，這樣人生過起來才會更加快樂！

沒意義的事情就該放棄嗎？

如果是你想做的事情、
能讓你開心的事情，
就繼續做下去吧！

如果你感到有點不安，
有點懷疑「這樣做，是不是沒有意義？」
就由你自己來賦予意義吧。

如此一來，
世界上再也不會有
「沒意義的事情」。

「做這個，有意義嗎？」

「這樣做，有什麼幫助嗎？」

當我們開始做某件事情時，總會有人提出這樣的質疑。

因為小時候大人不經意說過的話一直潛伏在心裡，使我們也不時會對自己發出嚴厲的質疑。

但其實，人生當中沒有任何事情是毫無意義的。不是只有那些「能讓你明顯成長的事情」才有意義。

對你來說，那些能讓你感到開心、充滿笑容，可以令你忘記煩惱、全心全意投入的事情，就是有意義的事情。

有時，有趣的影片看一看，一天就過去了。

有時，窩在被窩裡滑手機，好幾個小時就沒了。

你不需要為「度過了沒有意義的時間」、「做這件事情好像沒什麼意義」而感到內疚沮喪。這時，不如換個角度想：「我這是為了幫自己充電。」「追星讓我的內心充滿活力。」「我是為了明天養精蓄銳。」「我成功地轉移了注意力，沒去想那些煩人的事情。」「我讓身心充分休息了。」

就算這些事無法提升技能，或是不會增加收入也沒關係。那些看似無用的事情不會對你的人生帶來什麼變化，但只要能讓你恢復元氣、帶來一點快樂，就很有意義了。

決定一件事情有沒有意義的人，不是別人，而是你自己。

當你對自己的行動感到不安時，請由你自己來賦予它意義吧！

後記
停止過度努力，反而一切會更順利

感謝你讀到這裡。

這本書分享了許多「人生不用那麼努力也沒關係」的觀點。有些內容，你也許想試試看。有些內容，你可能覺得很難做到。

但沒關係，這樣就好。真的沒關係。

你不需要接受這本書的所有內容，也不必勉強自己實踐每一件事。如果為了「不努力」而拚命努力，那才是真的會令人筋疲力盡。所以，從那些你能接受、覺得做得到的地方開始就好，慢慢來沒關係。

最重要的是，你自己要相信「停止過度努力，反而一切會更順利！」

所以，請你允許自己，

「不勉強自己努力也沒關係。」

「我已經夠努力了，現在不需要再勉強自己努力了，甚至不努力更好。」

當你不再逼自己過度努力，你會找到真正想做的事情。把精力用在自己真正喜歡的、真心想投入的事情上，這樣一來，一切都會開始好轉，凡事也會越來越順利。

當你覺得懷疑：「這樣下去真的好嗎？」

當你感到沮喪：「為什麼總是事與願違？」

心想「我真的不想再努力了……」的時候，請翻翻這本書。

只要找到「不用勉強自己努力的理由」，你就能鼓起勇氣「不努力」，邁步向前走。

「停止過度努力後，整個人生都好多了！」

希望有一天，你也能這麼想，我會在這裡默默為你加油的。

Poche

停止過度努力後，整個人生都好多了

がんばるのをやめたらうまくいった

作　　者　Poche
譯　　者　謝敏怡
主　　編　林玟萱

總 編 輯　李映慧
執 行 長　陳旭華（steve@bookrep.com.tw）

出　　版　大牌出版／遠足文化事業股份有限公司
發　　行　遠足文化事業股份有限公司（讀書共和國出版集團）
地　　址　23141新北市新店區民權路108-2號9樓
電　　話　+886-2-2218-1417
郵撥帳號　19504465遠足文化事業股份有限公司

封面設計　FE設計 葉馥儀
印　　製　中原造像股份有限公司
法律顧問　華洋法律事務所 蘇文生律師

定　　價　380元
初　　版　2025年06月

電子書E-ISBN
978-626-7600-83-2（EPUB）
978-626-7600-84-9（PDF）

國家圖書館出版品預行編目（CIP）資料

停止過度努力後，整個人生都好多了／Poche著；謝敏怡 譯. -- 初版. -- 新北市：大牌出版，遠足文化發行，2025.06
192面；13×18.6公分
譯自：がんばるのをやめたらうまくいった

ISBN 978-626-7600-85-6（平裝）
1. 人生哲學　2. 生活指導

191.9　　114005945